LA CLÉ
DE MA CAISSE

COMÉDIE

Représentée pour la première fois, à Paris, sur le théâtre du VAUDEVILLE
le 23 novembre 1872.

CHATILLON-SUR-SEINE. — IMPRIMERIE E. CORNILLAC

LA CLÉ
DE MA CAISSE

COMÉDIE EN UN ACTE

PAR

AMÉDÉE ACHARD

PARIS

MICHEL LÉVY FRÈRES, ÉDITEURS

RUE AUBER, 3, PLACE DE L'OPÉRA

LIBRAIRIE NOUVELLE

BOULEVARD DES ITALIENS, 15, AU COIN DE LA RUE DE GRAMMONT

1873

PERSONNAGES

GUSTAVE MOREL, négociant, 45 ans.......... MM. THOMASSE.

FRÉDÉRIC CHAMBLAIN, son associé, 30 ans..   DORIA.

ISIDORE, domestique........................   FAUVRE.

MERLUCHET, concierge.....................   BHURÉE.

HORTENSE, femme de Morel, 25 ans.......... Mmes LOVELY.

PAULINE, femme de Chamblain, 20 ans.........   DESPRETZ.

A Paris, de nos jours.

———

Pour la mise en scène exacte et détaillée, s'adresser à M. Léon RIQUIER, régisseur du Vaudeville.

LA CLÉ
DE MA CAISSE

Le théâtre représente un cabinet de travail. Deux bureaux, meubles simples. Porte au fond, à droite, une porte, donnant chez M. Morel. A gauche, une autre porte, donnant chez M. Chamblain. Cheminée, premier plan à gauche.

SCÈNE PREMIÈRE

ISIDORE, MERLUCHET *.

Isidore, Merluchet, un plumeau à la main, époussette et arrange les meubles.

ISIDORE, entrant par le fond.

Mon journal.

MERLUCHET.

Voici.

ISIDORE, allant à la table.

Une bûche au feu... il fait frais ce matin.

MERLUCHET.

Voilà, monsieur Isidore.

ISIDORE, lisant.

« La banque a élevé le taux de son escompte. » (Parlant.) Mes Saragosse ont monté de dix francs... je les vendrai demain, pour acheter des Séville-Xérès... (A Merluchet.) Avez-vous bientôt fini, père Merluchet? (Il s'assoit dans un grand fauteuil près du bureau, à gauche.)

MERLUCHET.

Dans un quart de seconde.

_____

* Isidore, Merluchet.

ISIDORE.

C'est beaucoup! je suis pressé.

MERLUCHET, à demi-voix.

Cela se voit.

ISIDORE *.

Quand on a, comme moi, deux ménages à faire... celui de mon maître, monsieur Gustave Morel, et celui de son ami et associé, monsieur Frédéric Chamblain, une minute c'est un siècle... ah! le prix du temps!... avez-vous quelquefois médité sur le prix du temps?

Il s'allonge dans son fauteuil.

MERLUCHET.

Non, ça m'en ferait perdre... Monsieur Chamblain a donc donné campos à son domestique?

ISIDORE.

Oui... pour quinze jours... je me suis chargé de l'intérim, et je ne sais où donner de la tête.

MERLUCHET.

Il me semblait, au contraire, que depuis que vous aviez deux maîtres, vous ne faisiez plus rien.

ISIDORE.

Ça vous fait cet effet-là?

MERLUCHET.

Complétement.

ISIDORE, souriant.

Eh bien, père Merluchet, ceci prouve que vous avez de la finesse dans le coup d'œil.

MERLUCHET.

Dame! monsieur Isidore... je vois ce que je vois, et je vois ce que je fais... or, comme je vois que je fais tout ici... ou à peu près...

ISIDORE, se redressant.

Je vous associe à mes travaux... Est-ce que vous vous en plaignez?

MERLUCHET.

Non... on me paie bien... et cela me suffit... Tenez, j'ai organisé le bureau de ces messieurs... où faut-il, maintenant, que je dirige les efforts de mon plumeau?

ISIDORE.

Attendez mes ordres... en ayant l'air de balayer votre escalier.

MERLUCHET.

Je vais en avoir l'air... (Il fait mine de sortir et revient.) Ah! j'ou-

* Merluchet, Isidore.

bliais... Vous savez que les deux grands appartements du premier sont à louer... ce serait une belle occasion, pour vos maîtres, de quitter ce petit entresol...

ISIDORE.

Ah! bien, oui! cela doublerait le prix de leur loyer.

MERLUCHET.

Oui, mais ça doublerait leurs aises... Dans la vie, faut pas qu'on se gêne... C'est mon avis...

Passant. — Il prend un morceau de sucre, dans un sucrier, et le mange.

ISIDORE, *faisant de même.*

C'est aussi le mien.

MERLUCHET *, *continuant.*

Car enfin, ils sont riches ces deux négociants !

ISIDORE.

Je le crois bien... ils gagnent des cent mille francs, en mettant des petits chiffres tout petits, dans de grands livres très-grands... mais ça crie toujours misère.

MERLUCHET, *regardant autour de lui.*

Et ça se contente de ces deux chenils ?

ISIDORE.

Sous la même clé... côté Morel, côté Chamblain... avec ce bureau dans le milieu... Pour deux amis, pour deux associés c'était suffisant, quand ils n'étaient pas mariés...

MERLUCHET.

Mais maintenant! Et ces dames s'arrangent de ça?

ISIDORE.

Madame Chamblain, oui... elle sort du couvent.

MERLUCHET, *se levant.*

Je comprends... une ex-victime cloîtrée, ça se contente de tout, mais madame Morel, qui a l'air d'une maîtresse femme!...

ISIDORE, *se levant.*

Oh! madame Morel proteste, avec énergie, contre l'avarice du grippe-sou...

Il prête l'oreille.

MERLUCHET.

Chut! allez, il n'est pas là.

ISIDORE, *achevant.*

Du grippe-sou, qui lui sert de mari... mais il tient la clé de la caisse... (Il se lève.) et il la tient bien!...

MERLUCHET, *tres-bas à la porte de droite.*

Le ladre!...

Il prête l'oreille.

* Merluchet assis, Isidore assis.

ISIDORE, à la porte de gauche.

Chut! allez, il n'est pas là.

MERLUCHET, très-haut.

Le grigou!

ISIDORE.

Le voilà!

MERLUCHET.

Pristi! s'il m'avait entendu! je retourne à mon balai... je vais avoir l'air...

Il sort à gauche.

SCÈNE II

ISIDORE, MOREL.

MOREL, entrant, une lettre à la main, et appelant.

Isidore! (L'apercevant.) ah! Isidore, vous allez porter cette lettre chez mon notaire, tout de suite.

ISIDORE *.

Impossible, monsieur, je finis à l'instant le cabinet de ces messieurs, et je suis attendu chez monsieur Chamblain, pour frotter le salon... je n'ai pas un moment à moi.

MOREL.

C'est différent,.. puisqu'il s'agit de mon ami...

ISIDORE.

Mais, que monsieur ne se tourmente pas... je vais faire re-mettre cette lettre par le concierge.

MOREL.

C'est cela.

ISIDORE, appelant.

Eh! père Merluchet!... (Se retournant vers monsieur Morel.) Encore un homme actif celui-là!...

MERLUCHET, entrant de gauche.

Présent!

ISIDORE.

Vite cette lettre à son adresse... (Bas.) Et revenez prompte-ment, pour frotter le salon de monsieur Chamblain.

MERLUCHET.

Je cours, et je frotte...

Il sort au fond.

* Isidore, Morel.

ISIDORE, s'essuyant le front.

Ah! c'est un labeur rude et pénible que le service de deux
ménages!... Monsieur n'a plus besoin de rien?

MOREL.

Si... j'ai besoin de causer avec toi.

ISIDORE.

Ah! c'est un labeur rude et pénible...

MOREL.

Ça te reposera... Sais-tu. Isidore, que ce que tu m'as dit,
hier, m'a empêché de dormir. .

Il se place devant son bureau et examine des papiers.

ISIDORE.

Monsieur est bien bon.

MOREL.

L'image du bonheur dont jouissait monsieur Dubreuil,
chez lequel tu servais, dernièrement, dans le Périgord, m'a
poursuivi jusqu'au matin... Tu as raison... on n'est heureux
qu'à la campagne parmi les fleurs...

ISIDORE.

Au milieu des légumes et des fruits!...

MOREL.

Et ton ancien maître en avait de bien beaux?

ISIDORE, à part.

Caressons sa manie. (Haut.) Ah! monsieur! des petits pois
gros comme des cerises... des cerises grosses comme des melons... et des melons gros comme... vous.

MOREL.

Flatteur!... sans compter la pêche et la chasse!...

ISIDORE.

La promenade! à cheval. en voiture, à pied!...

MOREL *, se levant.

Le grand air!... la liberté, enfin! ah! c'est mon rêve! un
rêve que je caresse depuis vingt ans!... malheureusement,
ce rêve est le cauchemar de ma femme...

ISIDORE, faisant l'étonné.

Comment, madame Morel ne comprend pas?...

MOREL.

Non, mon pauvre Isidore, non... ni les ébats voluptueux
des jeunes canards, ni les douceurs de la pisciculture n'ont
d'empire sur son cœur... mais je n'en poursuis pas moins
mon idée...

ISIDORE.

Ah! monsieur a donc une idée?...

* Morel, Isidore.

MOREL, *confidentiellement.*

Oui... et le moment est venu de t'initier à mes projets...
Ecoute et sois franc.

ISIDORE.

Entre autres défauts, je ne m'en connais qu'un seul... c'est la
franchise.

MOREL.

Alors, dis-moi la main sur la conscience, est-il vrai, comme
le dit ma femme, que je passe dans le monde pour une sorte
d'harpagon?

ISIDORE.

Harpagon?... un fameux avare d'autrefois?

MOREL.

Oui...

ISIDORE, *hésitant.*

Harpagon est, peut-être, un peu vif... mais monsieur passe
pour un homme qui ne donne pas ses coquilles.

MOREL.

Ça se ressemble.

ISIDORE.

Oui... mais il y a une nuance.

MOREL.

Eh bien, tout le monde est dans l'erreur... Si, jusqu'ici,
je n'ai pas donné, mais vendu mes coquilles, comme tu le
dis...

ISIDORE.

Comme on le dit, monsieur.

MOREL.

Sais-tu pourquoi?

ISIDORE.

Non, monsieur.

MOREL.

C'est parce que j'ai toujours eu là... (Il montre sa tête.) une
idée fixe... C'est parce que, tout petit, j'habitais, en Touraine,
un village, où il y avait un château, flanqué de sept tours...
une au nord... une au midi... une... enfin sept! comme au
château de Constantinople... où on enfermait les ambassa-
deurs... tu sais? Non, tu ne sais pas... tu ne peux pas savoir...
Pendant vingt ans, ces sept tours ont fait des contredanses
dans mon sommeil, et des valses dans mon souvenir... si
bien qu'un jour, j'ai fait le serment d'acheter un château pareil, et d'y vivre en grand seigneur, comme le marquis qui
l'habitait...

ISIDORE.

Diavolo!

MOREL.

Tu traduis ma pensée... Diavolo! ce n'était pas facile...
aussi, j'ai travaillé comme un nègre... comme un nègre qui
n'est pas libre... j'ai entassé écus sur écus... Tantôt c'était
une aile de mon château, que je mettais de côté... tantôt une
tour, un potager, un jardin, un bois... Bref, aujourd'hui je
touche au moment où je puis faire de mes rêves une réalité...
Tu vois, devant toi, un homme qui vient d'écrire à son notaire, pour lui demander des renseignements sur un château,
qui est à vendre dans le Berry... le château des neuf tours!

Passant.

ISIDORE.

Neuf tours!

MOREL.

Oui, mais il faut que je me hâte... je soupçonne madame
Morel d'avoir eu vent de mes projets...

ISIDORE.

Ah! bah! *

MOREL.

Pour les faire échouer, ou en retarder l'exécution, elle invente, depuis quelque temps, des dépenses sans précédents
dans l'histoire des folies... L'année dernière, elle avait ébréché
un pavillon de mon château, avec un cachemire long, et dévoré
tout mon potager, avec un manteau de fourrure, mais j'ai
réparé le dommage... et j'ai là, dans ma caisse, la somme
suffisante pour devenir seigneur châtelain. (Chantant.)

D'ici voyez ce beau domaine...

Il remonte.

ISIDORE, continuant l'air **.

Dont les créneaux touchent le ciel...

(Parlé.) Il appartient à M. Morel, dira-t-on!

MOREL.

C'est le château Morel, Neuf tours !... tu seras mon intendant, parce qu'un château sans intendant... Ah! tu me
voleras !

ISIDORE.

Mais, monsieur...

* Isidore, Morel
** Morel, Isidore.

MOREL.

Je l'exige ! si tu ne me volais pas, tu ne serais pas un intendant... et, moi, je ne serais pas un grand seigneur... Ah ! je ne donne pas mes coquilles !... tu me les voleras, toi, et je te laisserai faire !... ce sera drôle !... on verra !

ISIDORE.

C'est bien, monsieur... j'obéirai...

MOREL.

A présent que tu connais mes projets, ne manque pas de célébrer, en toute occasion, devant ma femme, les plaisirs et les vertus des champs...

ISIDORE.

Soyez tranquille, monsieur... avant d'être domestique, j'ai été garde champêtre.

SCÈNE III

LES MÊMES, MERLUCHET [*].

MERLUCHET.

Monsieur, le notaire était chez lui... il y restera toute la journée.

MOREL.

J'irai... (À Isidore.) Et toi, en attendant que tu me voles...

ISIDORE.

Si monsieur l'exige, j'entrerai, dès aujourd'hui, en fonctions.

MOREL.

Non... va frotter le salon de notre ami Chamblain.

ISIDORE, bas à Merluchet.

Allez frotter le salon de notre ami Chamblain.

SCÈNE IV

LES MÊMES, HORTENSE [**].

HORTENSE, entrant.

Je vous cherchais, Isidore... Vous allez, tout de suite,

[*] Isidore, Merluchet, Morel.
[**] Morel, Merluchet, Isidore.

porter ce carton chez ma marchande de modes...

ISIDORE.

Impossible, je vais frotter le salon de M. Chamblain.

HORTENSE.

Après, alors, mais vite.

ISIDORE.

A toutes jambes, madame. (Bas à Merluchet.) Vous irez chez
la marchande de modes... à toutes jambes.

MERLUCHET.

A toutes jambes...

Il sort.

ISIDORE, en sortant.

Quel beau temps!... quel dommage de ne pas respirer
l'air des champs par ce beau temps-là !

Il sort.

SCÈNE V

MOREL, HORTENSE *.

HORTENSE, riant.

Ah! ah! tel maître, tel valet !

MOREL.

Oui... j'aime ce fidèle serviteur, parce qu'il a des goûts
champêtres... (Soupirant.) Ah ! si tu le voulais, je t'adorerais...

HORTENSE, à part.

Nous y voilà !

MOREL.

Comment peut-on ne pas aimer la campagne !

HORTENSE.

C'est un sens qui me manque.

MOREL.

L'ombre solitaire des grands bois !

HORTENSE.

C'est-à-dire les chenilles...

MOREL.

Les prés! les fleurs !

HORTENSE.

Les hannetons! les cousins!

* Morel, Hortense.

1.

MOREL.

Le doux murmure des petits ruisseaux !

HORTENSE.

D'où s'échappent de petites grenouilles, qui vous sautent dans les jambes !... (Se levant.) Tenez, monsieur, j'ai horreur de tout cela... et, si je le pouvais, je ferais mettre des housses sur les arbres, pour ne pas les voir, et des tapis sur les pelouses, pour ne pas marcher sur l'herbe.

MOREL.

Comment, tu ne t'es jamais sentie attendrie par le spectacle des forêts ?

HORTENSE.

Jamais !

MOREL.

A l'heure où le soleil se couche ?

HORTENSE.

Pas davantage.

MOREL, allant s'asseoir *.

Décidément, c'est une infirmité... mais je te guérirai... Tiens, justement, quand tu es entrée, Isidore me faisait la description, la plus pittoresque, de la belle propriété de M. Dubreuil... Eh bien ! j'en ai pleuré... et j'en pleure encore d'admiration... lorsque je pense que M. Dubreuil a, dans son jardin, des petits pois, gros comme des cerises, et des melons gros comme moi...

HORTENSE.

Espèce nouvelle, alors... espèce Morel !

MOREL, continuant.

Et qu'il a obtenu une médaille d'or au comice agricole de son département '... (A part.) j'ajoute... (Haut.) Il y avait de la musique !... (A part.) j'ajoute encore. (Haut.) C'est flatteur pour un propriétaire !... (Soupirant.) Ah ! si tu voulais, cependant !...

HORTENSE.

Nous pourrions aussi cultiver les melons !... Merci... d'ailleurs, si vous avez la manie patriarcale des fleurs et des légumes, moi, je connais un pays où il y a des produits plus merveilleux encore, que chez votre M. Dubreuil... et ce pays s'appelle la halle de Paris !

MOREL, se levant.

Voilà le grand mot ! Paris ! toujours Paris ! La ville de boue et de fumée !

HORTENSE, se levant.

Ne dites pas de mal de mon Paris ! c'est ma campagne, je

* Hortense, Morel.

la défends... On y trouve de tout... des dentelles, du velours, des perles, des diamants! et quelle végétation!

MOREL, à part.

Je vois poindre un nuage à l'horizon. (Haut, avec humeur.) Avec toi, on ne peut jamais parler sérieusement.

HORTENSE.

C'est de la médisance, monsieur mon mari, et la preuve, c'est que je viens précisémeut causer avec vous d'une affaire grave.

MOREL, à part.

Le nuage se développe. (Il prend discrètement son chapeau et fait mine de sortir.) Si je pouvais?

HORTENSE.

Que faites-vous donc?

MOREL, mettant son chapeau.

Rien... j'ai froid à la tête... (A part.) La fuite est impossible, il faut combattre...

HORTENSE.

Avez-vous oublié que c'est demain que mademoiselle Fleury se marie à la Madeleine?

MOREL.

Non, et il faut y aller... je t'accompagnerai même... ce sera une promenade charmante...

HORTENSE.

Charmante... nous irons à pied... (Prenant le bras de Morel.) bras dessus, bras dessous...

Ils se promènent.

MOREL.

Comme deux bons bourgeois...

HORTENSE, riant.

Mais il y a un détail auquel vous ne semblez pas penser du tout...

MOREL.

Un détail? tu sais .. je ne suis pas l'homme des détails.

HORTENSE.

Songez donc, mon bon petit Gustave...

MOREL, à part.

Mon bon petit Gustave m'a toujours été fatal.

HORTENSE.

Songez donc que les femmes les plus élégantes de Paris assisteront à ce mariage...

MOREL, à part.

Le nuage va crever.

HORTENSE, continuant.

Et, si je suis heureuse et fière de m'y montrer ainsi, à votre bras, je vous avoue que je ne serais pas fâchée de m'y faire voir dans une brillante toilette...

MOREL, à part.

Patatras! Il crève.

HORTENSE, de même.

Enfin, monsieur, disons le mot...

MOREL.

Disons le mot... (A part.) j'y suis préparé...

HORTENSE.

Avec un cachemire tout neuf sur mes épaules.

MOREL, se dégageant *.

Un cachemire!... (A part.) Eh! bien, non, je ne m'attendais pas à celui-là... (Haut.) Y penses-tu? je t'en ai donné un l'année dernière!

HORTENSE.

Vous m'en avez donné un, qui était long et rouge... Oh! charmant! aujourd'hui, j'en voudrais un, carré et vert...

MOREL.

Eh bien? Est-ce que tu ne pourrais pas faire couper ton cachemire long, pour le rendre carré, et le faire teindre en vert?

HORTENSE.

Ah! mon ami... où avez-vous puisé ces déplorables notions sur la question des cachemires?... Rassurez-vous, d'ailleurs... je ne vous demande qu'une bagatelle... Qu'est-ce que cent louis pour vous?

MOREL.

Mais... c'est deux mille francs!

HORTENSE.

Pour vous, qui gagnez des sommes folles, avec votre ami Chamblain... car, on dit que vous êtes, tous les deux, sur le chemin de la fortune.

MOREL, qui a donné des signes d'une grande contrariété.

Ah! on dit cela?

HORTENSE.

Partout.

MOREL, confidentiellement.

Eh! bien, il ne faut pas détromper ceux qui le disent... cela pourrait nuire à notre crédit... mais, entre un mari et une femme qui s'aiment bien, et nous nous aimons bien, n'est-ce pas, Hortense? .. on ne doit rien se cacher...

HORTENSE, à part.

Il va me refuser...

---

* Morel Hortense.

MOREL, *toujours confidentiellement.*

Tout le monde se trompe... j'ai bien des soucis, va, ma pauvre Hortense...

HORTENSE, *à part.*

Qu'est-ce que je disais?

MOREL.

Nous ferons une année désastreuse !... à elle seule, la maison Jackson de New-York nous fait perdre 100,000 francs. et la maison Gomez de Cadix nous emporte 63,911 francs 99 centimes !...

HORTENSE.

Les 99 centimes aussi?

MOREL.

Même les 99 centimes !... nous subissons les conséquences de la crise espagnole ! Tu vois une victime de l'Aragon et de la Castille.

HORTENSE.

Et voilà pourquoi vous me refusez les cent louis que je vous demande?

MOREL.

Je ne te les refuse pas... je te prie seulement d'attendre la fin de la crise espagnole.

HORTENSE.

Monsieur Morel, regardez-moi bien.

MOREL.

Avec plaisir, ma chère amie, cette coiffure te va à ravir.

HORTENSE.

Monsieur Morel... vous abusez des crises !

MOREL.

Moi?

HORTENSE.

Vous !... quand il s'est agi de mon cachemire long... le rouge, vous savez... celui que vous voulez mettre en vert... c'était la crise italienne... pour ma broche de diamants, la crise chinoise... pour mon collier de perles, c'était la crise du Monténégro... vous m'avez jeté le Luxembourg à la tête, à propos de ma robe en point d'Alençon, et mis le prince de Roumanie sur les bras, quand je vous ai parlé d'un piano d'Erard !... Monsieur Morel, vous abusez des crises!

MOREL.

Mais enfin, ma chère amie, je ne les invente pas... je m'en sers... (*Se reprenant.*) C'est-à-dire non, je les subis... (*A part.*) J'aurais peut-être dû varier. (*Haut.*) Tiens, voici notre ami Chamblain... mon associé... tu vas voir !

SCÈNE VI

LES MÊMES, CHAMBLAIN*.

MOREL.

N'est-ce pas, mon ami, mon bon ami, que la maison Jackson?...

CHAMBLAIN.

De New-York.

MOREL, à sa femme.

Tu vois... je ne lui fais pas dire... (Appuyant sur les mots.) nous fait perdre cent mille francs?

CHAMBLAIN, faiblement.

Cent mille francs... oui, madame...

MOREL.

Et que la maison Gomez...

CHAMBLAIN.

De Cadix.

MOREL, à sa femme.

Remarque bien... je ne l'influence pas... nous enlève 63,911 francs...

HORTENSE.

Et 99 centimes?

MOREL.

Et 99 centimes.

CHAMBLAIN, de même.

Certainement.

HORTENSE, les examinant tous deux, à part**.

C'est un complot... c'est de l'avarice en partie double... et madame Chamblain en est leur victime comme moi.

MOREL.

J'espère que te voilà convaincue, mignonne? (Soupirant.) Ah! je souffre de te refuser ce que tu désires.

HORTENSE.

Je le vois, monsieur, et je renonce à mon cachemire.

MOREL.

Pauvre chatte! te priver ainsi... ça me fend le cœur!...oui, ça me fend le cœur...

HORTENSE, avec dépit.

Mais, prenez garde monsieur Morel, si vous me trompiez,

---

* Morel, Chamblain, Hortense.

** Chamblain, assis, Morel, Hortense.

au lieu d'un cachemire, j'en exigerais deux... le capital et
les intérêts.

MOREL.

Ah! chère amie, peux-tu croire...

HORTENSE.

Je ne crois rien... mais je vous le répète, deux, monsieur...
deux...

MOREL.

Tu nous quittes déjà.

HORTENSE.

Oh! je reviendrai bientôt, (A part, en sortant.) avec mes renseignements.

SCÈNE VII

MOREL, CHAMBLAIN *.

MOREL.

Elle se doute de quelque chose. (Éclatant.) Et à qui la faute?
à toi!

CHAMBLAIN.

A moi?

MOREL.

Sans doute... tu ne sais pas mentir! au lieu de me soutenir
franchement, tu hésites, tu balbuties...

CHAMBLAIN.

Eh! bien, oui. j'avoue que ces éternels mensonges finissent
par troubler ma conscience... et mon repos...

MOREL, avec ironie.

Vraiment.

CHAMBLAIN, continuant.

Et tu devrais être honteux d'accuser une perte de 163
mille francs, avec les maisons Jackson et Gomez, quand c'est
juste ce que nous gagnons avec elles!

MOREL, se frottant les mains.

Juste... j'en ai fait le compte ce matin... 80 mille francs
pour toi. et 80 mille francs pour moi.

CHAMBLAIN.

Alors, pourquoi toujours tromper ta femme?

MOREL.

Pourquoi? il me le demande! mais malheureux, pour arrê-

* Morel, Chamblain.

ter ce débordement de cachemires... cette inondation de dentelles... cette avalanche de diamants qui nous envahissent!...
En t'associant à mon commerce, je t'ai appris, je le sais,
comment on gagne de l'argent, mais je tremble que ma femme
n'apprenne à son tour à madame Chamblain comment on le
dépense...

CHAMBLAIN.

Je crois que c'est déjà fait.

MOREL, continuant.

Je mens donc pour réparer les torts de la maîtresse envers
l'élève... les torts de ma femme envers toi... et tu me
grondes!

CHAMBLAIN.

Ah!.. je ne m'effraie pas, comme toi... Si Pauline cède,
parfois, à un entraînement irréfléchi, j'ai, fort heureusement,
un moyen infaillible de lui faire entendre raison...

MOREL.

Ah! quel est ce moyen?

CHAMBLAIN.

C'est mon secret.

MOREL.

Je comprends... un secret de ménage. A ton âge, on a
encore de ces secrets-là, mais au mien, il y a longtemps
qu'on a tout dit.

CHAMBLAIN.

Tu n'y es pas.

MOREL.

Enfin, je ne veux rien savoir... je suis sûr que ton moyen
ne réussirait pas avec Hortense... et je continuerai à mentir
par principe, par dévouement, et pour la cause commune.

CHAMBLAIN.

Ce cher Gustave!

MOREL, avec ironie.

Ce cher Gustave! C'est ça, tout en les blâmant, tu profites
de mes mensonges diplomatiques... Tiens, tu n'es qu'un
hypocrite! car, tandis que je me dévoue, toi, tu prépares tes
petits coups à la sourdine... tu t'arrondis mystérieusement...
et ta collection de billets de banque fait la boule de neige...
là... dans ta caisse

CHAMBLAIN, vivement.

Oh! tais-toi! tais-toi!

MOREL.

Ah! ah! l'avare a peur qu'on ne découvre son trésor.

CHAMBLAIN, avec embarras.

Mais non, tu te trompes, mon ami... ce que tu appelles avarice, c'est de la prudence... Mon beau-père, qui vivait largement, tu le sais, a perdu sa fortune, peu de temps après mon mariage avec Pauline, et il est mort sans l'avoir recouvrée. Eh! bien, cela m'a servi de leçon... Chut! voici ma femme.

SCÈNE VIII

LES MÊMES, PAULINE *.

PAULINE.

Bonjour, mon bon petit Frédéric.

Elle présente son front à Chamblain.

CHAMBLAIN, l'embrassant.

Bonjour, ma chère Pauline.

MOREL, bas à Chamblain.

Mon bon petit Gustave me coûte toujours de l'argent... est-ce qu'il en est ainsi dans ton ménage?

CHAMBLAIN, de même.

Je ne l'ai pas remarqué.

PAULINE.

Vous étiez en conférence, messieurs?

CHAMBLAIN.

Nous causions.

PAULINE.

De vos affaires... de vos brillantes affaires!

MOREL.

Oh! oh! brillantes!

PAULINE.

Je vous dérange peut-être?

Elle va pour sortir.

CHAMBLAIN, la retenant.

Non, non, jamais... n'es-tu pas le rayon de soleil qui vivifie mes travaux?

PAULINE.

Que vous êtes bon!

Elle l'embrasse.

* Morel, Chamblain, Pauline.

MOREL, à part.

Une phrase à effet, et un double baiser. Elle l'embrasse...
il va se passer quelque chose d'extraordinaire.

PAULINE.

J'hésitais, mais, puisque vous m'encouragez, mon ami, je
vous avoue, franchement, que je vous fais une visite inté-
ressée...

MOREL, à part.

Les hostilités commencent.

PAULINE.

Mais, je ne sais si je dois, devant M. Morel...

MOREL.

Oh ! ne vous gênez pas, madame... j'ai une longue habitude de ces sortes de visites.

S'asseyant.

CHAMBLAIN.

Parle, chère enfant.

PAULINE.

Eh ! bien, mon ami, je suis peut-être bien indiscrète, mais
je vous sais si indulgent...

MOREL, à part, haussant les épaules.

Si naïf !

PAULINE.

Vous n'ignorez pas que je dois assister, dans quelques
jours, à la réunion de notre comité ?..

MOREL, à part.

C'est cela... Comité !.. messe de mariage !.. tous les pré-
textes sont bons.

PAULINE.

En ma qualité de dame patronnesse du bal de bienfaisance
de notre arrondissement, c'est un devoir pour moi... ainsi
que pour madame Morel... *

MOREL, se levant.

Ah ! vous avez vu ma femme ?

PAULINE.

Ce matin... et, amicalement, elle m'a fait comprendre
qu'un manteau de fourrure pareil au sien...

MOREL.

Martre de Sibérie... prix : six mille francs, je le connais...

PAULINE, continuant.

Était ce qu'il y avait de plus convenable pour ces sortes
d'assemblées... où on ne veut faire peur à personne.

* Morel, Pauline, Chamblain.

MOREL, *remontant.*

La contagion !

PAULINE.

J'en meurs d'envie... Vous comprenez, une dame patronnesse, sans fourrure...

MOREL.

Cela ne s'est jamais vu...

PAULINE, *étourdiement.*

Sans doute... (A son mari.) Vous hésitez?...

CHAMBLAIN.

Moi! pas un seul instant.

MOREL, à part *.

Par exemple!... (Haut.) Permettez-moi, madame, de me
placer entre le cœur de cet excellent Chamblain, et son devoir...

CHAMBLAIN, *voulant l'empêcher de parler.*

Voyons, Morel...

MOREL.

Chamblain, je parlerai, il est des circonstances fatales, où
un mari doit savoir maîtriser les élans de son cœur...

PAULINE.

Que voulez-vous dire?...

CHAMBLAIN, *de même.*

Assez, Morel, assez!..

MOREL.

Je parlerai, te dis-je!.. Eh! bien, madame, apprenez que
la maison Jackson de New-York et la maison Gomez de
Cadix, nous font perdre 163,911 francs 99 centimes... Voilà
la vérité!.. toute la vérité!..

PAULINE.

Ah! mon Dieu!.. mais dans le monde, on me disait, au
contraire, que vos affaires allaient, allaient!...

MOREL.

Bien, très-bien! Oui, c'est un bruit que nous faisons cou-
rir, pour mieux assurer notre crédit... Vous comprenez
l'importance... (Bas à Chamblain.) Mais parle donc!

PAULINE, à Chamblain.

Ah! mon ami, que je regrette...

MOREL, bas à Chamblain.

Elle mord... parle donc!..

CHAMBLAIN.

Non, ma bonne Pauline... Il n'est pas de sacrifice que je ne

* Pauline, Morel, Chamblain.

fasse pour satisfaire le moindre de tes caprices... Du moment
que tu as envie d'un manteau de fourrure, il serait odieux à
moi de te priver de ce petit plaisir...

MOREL, à part.

Mais, qu'est-ce qu'il dit! qu'est-ce qu'il dit!

CHAMBLAIN, continuant.

Tu as besoin de six mille francs... Tiens, voici la clé de
ma caisse... prends...

MOREL, de même.

Il est fou!

PAULINE.

Quoi! vous voulez?...

CHAMBLAIN.

Prends, te dis-je!

PAULINE, tenant la clé et après un moment d'hésitation.

Oh! non... pardonnez-moi... Tenez, la voilà cette vilaine
clé, qui me brûle les doigts... si j'acceptais, je serais indigne
de votre affection... embrassez-moi encore.

CHAMBLAIN, l'embrassant.

Ma chère Pauline!

PAULINE.

Avec un baiser comme celui-là, je suis plus contente et
plus fière que si j'avais, sur les épaules, toutes les fourrures
du Canada... Au revoir, mon ami!

Elle sort.

SCÈNE IX

MOREL, CHAMBLAIN.

MOREL.

Ah! tu es très-fort, mon ami, très-fort!.. et, je devine,
maintenant, ton secret...

CHAMBLAIN, après avoir regardé autour de lui.

Eh! bien, oui... ce qu'on refuse aux femmes...

MOREL.

Elles le veulent.

CHAMBLAIN.

Ce qu'on leur accorde...

MOREL.

Elles n'en veulent plus...

Chamblain, Morel.

CHAMBLAIN.

C'est l'histoire du monde...

MOREL.

Depuis Ève, jusqu'à mesdames Morel et Chamblain... Tu as raison... La femme a toujours été de l'opposition. (Serrant la main de Chamblain.) Mon ami, tu viens de me rendre un immense service... Merci... j'étais à bout de mensonges et de crises... tandis qu'avec ton moyen, c'est tout simple... ma chère amie, voilà la clé de ma caisse... prends... elle prend d'abord, puis elle la rend... Tu es bien sûr qu'elle la rendra, au moins?

CHAMBLAIN.

Parbleu!.. Ça m'a toujours réussi avec Pauline.

MOREL.

Et tu crois que je puis me risquer?

CHAMBLAIN.

Ça te regarde.

MOREL, avec résolution.

Eh! le sort en est jeté!.. A la première occasion... et, avec ma chère Hortense cette occasion ne tardera pas à se présenter... si je suis poussé dans mes derniers retranchements...

CHAMBLAIN.

Tu diras à ta femme... (Montrant une clé.) Tiens, ma chère amie, voici la clé de ma caisse... Prends!..

MOREL, riant et reprenant la clé.

Oh! merci, monsieur, merci.

CHAMBLAIN.

C'est parfait... Tu le vois... ça va tout seul.

MOREL.

Je suis sauvé!

CHAMBLAIN.

En attendant je vais à la banque...

MOREL.

Encaisser notre déficit Gomez et Jakson. (Il rit. Adieu, profond philosophe!

CHAMBLAIN.

A bientôt, savant économiste!

Il sort.

SCÈNE X

MOREL, un peu après HORTENSE.

MOREL, seul.

Son moyen est excellent! Ah! je ne croyais pas mon associé aussi habile que cela... Comme on se trompe sur les hommes!... (Il va au bureau à droite. — Parcourant des papiers placés devant lui.) Ne nous trompons pas dans nos additions... Trois et deux font six, et trois font dix... Je n'ai jamais fait d'erreur à mon préjudice...

HORTENSE *, à part, entrant.

Le traître! il additionne!... mais moi, j'ai vu mon amie... Ah!... la maison Jackson a fait faillite... tu vas voir! (Haut.) Me voilà, mon ami, bon petit Gustave...

MOREL.

C'est toi, Hortense!

HORTENSE.

Je ne vous dérange pas... vous comptiez, ce me semble!

MOREL.

Oh! le chiffre de nos pertes... ta présence me distraira...

HORTENSE.

Je suis sûre que ce que j'ai à vous dire vous fera plaisir... j'ai renoncé à mon cachemire...

MOREL.

Tu me l'as déjà dit, mais j'aime à te l'entendre répéter.

HORTENSE.

Mais, par exemple, j'ai envie d'une parure.

MOREL, bondissant sur sa chaise.

Hein! une parure! A part. Une aile de mon château! (Haut.) Alors, tu ne m'as pas compris... je t'ai dit que la maison Jackson...

HORTENSE.

Parfaitement... oh! je n'ai rien oublié! mais cela ne m'empêche pas de tenir à cette parure... perles et rubis... je la veux tout entière...

MOREL.

Mais Hortense!...

HORTENSE **.

Si, pour vous faire plaisir, je consens à me présenter à

* Hortense, Morel.
** Hortense, Morel.

cette messe de mariage, avec un cachemire vieux d'un an, vous ne voudriez jamais, j'en suis sûre, dans l'intérêt de votre crédit, me laisser aller au bal de madame Fleury, avec un collier passé de mode... Je vous connais, vous ne souffririez pas cela.

MOREL.

Mais tu te trompes... j'y consens. Je ne suis pas un tyran!...

HORTENSE, sans l'écouter.

Vous allez donc, s'il vous plaît, et galamment, me donner la somme nécessaire, ou bien... je ferai des dettes...

MOREL.

Des dettes!... y penses-tu? la femme d'un négociant! la femme de la maison Morel, Chamblain et C$_{ie}$, faire des dettes!...

HORTENSE.

C'est mon dernier mot... mon ultimatum, comme on dit en politique.

Allant s'asseoir.

MOREL, à part.

Moi, qui attendais une occasion... En voilà une qui dépasse toutes mes espérances!... Allons, en avant le moyen Chamblain. (Haut.) Ma bonne Hortense, tu as raison...j'ai réfléchi... il n'est pas de sacrifice que je ne fasse pour satisfaire tes moindres caprices... du moment que tu as envie de cette parure, il serait odieux à moi de te priver de ce petit plaisir...

HORTENSE, à part, — se levant.

Qu'est-ce qu'il dit donc?... Est-ce un cas de folie spontanée?...

MOREL, continuant.

Je ferai des économies ailleurs... Tiens, voici la clé de ma caisse... prends!

HORTENSE, étonnée.

Vous me la donnez?...

MOREL, majestueux.

Prends, te dis-je!...

HORTENSE.

Oh!... merci, monsieur, merci!

MOREL, à part.

Elle est émue!... elle l'a prise... mais elle va me la rendre!

HORTENSE.

Tenez, si vous n'étiez pas mon mari, je vous embrasserais.

MOREL [*].

Il ne faut pas que cette considération te retienne!... (A part.)
Elle met la clé dans la serrure! C'est une épreuve... soyons
impassible...

HORTENSE, avec impatience.

Dieu! qu'elle est entêtée, votre serrure!... on voit qu'elle
n'a pas l'habitude!... Ah! voilà qui est fait.

MOREL, à part.

Elle l'ouvre!

HORTENSE, mettant la main sur un dossier.

Des billets de banque!

MOREL, l'arrêtant.

Madame!

HORTENSE, lisant [**].

« *Economies pour l'achat de mon château!* »

MOREL, à part.

Elle prend tout! (Il s'élance sur sa femme et lui arrache le paquet qu'elle
a à la main.) Mais c'est indigne, madame!

HORTENSE.

Ne m'avez-vous pas dit : prends?... j'ai pris!

MOREL.

Vous avez pris... parbleu! je le vois bien, vous foulez aux
pieds tous les principes... quand on offre aux femmes, elles
refusent... je vous offre et vous acceptez! C'est une trahison!

HORTENSE.

Que signifie?

MOREL.

Cela signifie madame, que madame Chamblain, à qui son
mari offre tous les jours la clé de sa caisse, la refuse, avec
dignité, tandis que vous! Ah! fi! (A part.) Il est joli son moyen!...
je lui en ferai mon compliment!

HORTENSE, à part.

Ah! le masque tombe enfin!... vous ne rougissez pas
d'inventer chaque jour de nouveaux mensonges, vous et
votre digne ami, pour refuser à vos pauvres femmes tout ce
qu'elles vous demandent!... mais je ne suis plus votre dupe...
j'ai pris des renseignements...

MOREL.

Où ça? où ça?

HORTENSE.

En Amérique!

[*] Morel Hortense.
[**] Hortense, Morel.

MOREL.

Que diable! tu n'as pas pu aller en Amérique, et en revenir depuis un quart-d'heure?

HORTENSE.

Vous oubliez que j'ai parmi mes connaissances, une personne de New-York... le voyage ne m'a donc coûté qu'une promenade en coupé, monsieur...

MOREL, à part.

Ah! diable!.

HORTENSE *, continuant.

Et je sais que la maison Jackson ne vous a rien fait perdre !

MOREL.

C'est vrai, je viens d'en recevoir la nouvelle à l'instant, par une dépêche, mais la maison Gomez...

HORTENSE.

Pas davantage !... grâce à tous ces mensonges, vous amoncelez de gros tas de billets de banque, pour acheter un grand vilain château... et m'exiler à la campagne...

MOREL.

Un grand vilain château! un château qui va me coûter 500 mille francs!

HORTENSE.

Vous l'avouez donc, enfin !

MOREL.

Eh! bien, oui! C'est ma fantaisie, c'est mon caprice... il y a assez longtemps que je me soumets aux vôtres... j'aurai des chiens et des chevaux... je chasserai... je pêcherai... et nous vivrons, désormais, toute l'année à la campagne...

Passant.

HORTENSE **.

C'est cela : au milieu des coqs qui chantent, des moutons qui bêlent, des vaches qui beuglent, et des guêpes qui vous piquent!... ne l'espérez pas, monsieur... jamais je n'y consentirai...

MOREL.

Ta, ta, ta, il le faudra bien... je suis en train d'acheter l'immeuble...

HORTENSE.

Et moi, ma parure !

* Morel, Hortense.
** Hortense, Morel.

MOREL.

Quand l'acte sera signé, vous serez bien obligée de vivre, avec moi, dans le Berry !...

HORTENSE.

Quand la facture vous sera présentée, il faudra bien que vous la payiez !...

MOREL, prenant sa canne.

Je cours chez mon notaire !

HORTENSE, prenant son chapeau.

Je vole chez mon bijoutier !

MOREL.

J'aurai mon château !... avec neuf tours, madame... un parc... un colombier... une écurie... deux étables... un potager... des poules... des canards... et des grenouilles, qui vous sauteront dans les jambes ! (À part, en sortant.) Ah ! il est joli son moyen !...

SCÈNE XI

HORTENSE, seule.

Ah ! vous me déclarez la guerre ! Eh bien, je l'accepte ! je suis femme, monsieur... et vous verrez ce dont je suis capable !... Cette parure que je voulais acheter, il me la faut d'un prix extravagant !... A vous les petits ruisseaux... à moi les grandes rivières !... J'en veux une de cinquante mille francs !.. Vos neuf tours y passeront... et, s'il faut vous ruiner pour arrêter la catastrophe, eh bien ! je vous ruinerai !...A 25 ans, le Berry !... par exemple !... (Au moment où elle va sortir, Isidore entre.)

SCÈNE XII

HORTENSE, ISIDORE [*].

ISIDORE, entrant.

Quel beau temps ! quel dommage de ne pas être à la campagne par ce beau temps-là !

[*] Hortense, Isidore.

HORTENSE.

Imbécile !

ISIDORE.

Madame est bien bonne !...

HORTENSE.

Combien monsieur Morel vous donne-t-il pour faire, éternellement, l'éloge des champs ?

ISIDORE.

Rien encore... mais il m'a promis de me faire son intendant, dès qu'il aurait un château.

HORTENSE.

Il n'en aura jamais !

ISIDORE *.

Ah ! madame ne voudrait pas me faire perdre une si bonne place... (A part.) une place où il me sera permis de voler tout à mon aise... (Haut.) Si j'osais soumettre une humble observation à madame, je lui demanderais d'où vient cette horreur que lui inspire la campagne ?... Madame est, bien certainement, la victime d'un préjugé...

HORTENSE.

Taisez-vous !

ISIDORE.

Je me tais. Si madame voulait me permettre de lui faire une seconde observation ? (Moment de silence.) Madame le permet ?... eh bien ! madame a tort de croire que le séjour de la campagne est sans agrément ; il y a aussi une foule de distractions pour elles...

HORTENSE.

Oui, la pluie qui tombe, et le vent qui souffle...

ISIDORE, secouant la tête.

Oh ! mieux que ça... tenez, par exemple, madame Dubreuil...

HORTENSE.

Ah ! madame Dubreuil trouvait des distractions dans le Périgord ?...

ISIDORE.

Certainement, madame !

HORTENSE.

Je serais curieuse de les connaître.

ISIDORE.

Aussitôt que son mari partait en guerre, c'est-à-dire pour la chasse, madame Dubreuil recevait la visite d'un lieutenant

---

* Isidore, Hortense.

de louveterie, un grand brun, qui avait des moustaches en
croc, comme ça...

HORTENSE.

Ah !

ISIDORE, continuant.

Il venait faire de la musique avec madame... mais le lundi...
le lundi seulement...

HORTENSE.

Belle affaire !... un jour sur sept !...

ISIDORE.

Oui... mais le mardi... tandis que M. Dubreuil faisait du
drainage... tous les mardis étaient consacrés au drainage...
nous recevions encore la visite... je dis nous, parce que
c'était toujours moi qui tenais la bride de son cheval, lorsqu'il
arrivait... nous recevions le receveur des contributions...

HORTENSE.

Ah ! le receveur des contributions aussi !...

ISIDORE, continuant.

Oui, madame, un joli blond, qui avait une raie jusqu'au
milieu du dos... Celui-là avait toujours un roman nouveau
dans sa poche, et venait faire la lecture à madame... Il paraît
qu'il lisait très-bien.

HORTENSE, de même.

Et la fin de la semaine ?...

ISIDORE.

Était réservée à un jeune cousin, qui venait tout exprès de
la ville voisine, pour faire de la tapisserie avec madame... Il
paraît qu'il faisait très-bien la tapisserie !

HORTENSE, riant aux éclats.

Ah ! ah !

ISIDORE.

Ce n'est pas tout...

HORTENSE.

Comment ! Encore ? Ordinairement on se repose le di-
manche !

ISIDORE.

Nous avions aussi les voyages.

HORTENSE.

Madame Dubreuil voyageait avec son mari !... Ceci ne
compte pas.

ISIDORE [*].

Non... avec son cousin... elle a même fait, avec lui, un
voyage en Italie, dont elle n'est jamais revenue...

---

[*] Hortense, Isidore.

HORTENSE, riant plus fort.

Ah ! ah ! avez-vous dit tout cela à monsieur Morel?

ISIDORE.

Oh ! non... ça l'aurait dégoûté du Berry...

HORTENSE.

Très-bien... Vous êtes un garçon d'esprit, monsieur Isidore... (Souriant.) La vie calme des champs, telle que l'entendait
madame Dubreuil, est, certainement, très-agréable... mais
elle ne me tente pas...

ISIDORE.

Ah !...

HORTENSE.

Quand vous avez été élevé aux honneurs de l'intendance,
combien comptiez-vous voler à votre maître ?

ISIDORE, cherchant.

La première année, mille ou douze cents francs, au plus
bas... c'est bien peu... mais, pour commencer, il faut être
honnête...

HORTENSE.

Eh ! bien, je vous en donne deux mille... à la condition que
vous répéterez mot à mot à monsieur Morel tout ce que vous
venez de me dire...

ISIDORE.

Tout ?

HORTENSE.

Tout !

ISIDORE.

J'obéirai, madame... je me sacrifie...

HORTENSE.

C'est ce que vous avez de mieux à faire... et, maintenant,
passez chez madame Chamblain, et prévenez-la que j'ai à lui
parler.

ISIDORE.

Tout de suite ! Justement voici madame.

SCÈNE XIII

HORTENSE, PAULINE *.

PAULINE, vivement.

Ah ! te voilà !... j'allais passer chez toi... j'ai bien du cha-

* Pauline, Hortense.

grin, va, et je suis furieuse contre moi... contre toi-même...

HORTENSE.

Vraiment?... et pourquoi cette grande colère?

PAULINE, assise *.

Parce que j'ai cédé à tes perfides conseils... parce que j'ai demandé à mon mari ce vilain manteau dont je pouvais si bien me passer, et que j'ai fait de la peine à ce pauvre Frédéric.

HORTENSE.

Ah! c'est pour cela?...

PAULINE.

Sans doute... lui si bon, si généreux!...

HORTENSE.

Si généreux, qu'il t'a offert la clef de sa caisse?

PAULINE, se levant.

Naturellement... mais comment sais-tu?...

HORTENSE.

Comédie que tout cela, ma chère! moi aussi, j'ai fait une demande à monsieur Morel! lui aussi, il m'a offert la clef de sa caisse!... mais hélas!... je ne l'ai pas gardée longtemps...

PAULINE.

Tu la lui as rendue?

HORTENSE.

Il me l'a arrachée, le traître!... Nos maris s'entendent pour nous tromper... et ton Frédéric ne vaut pas mieux que mon Gustave...

PAULINE.

C'est impossible... car enfin, il ne tenait qu'à moi de prendre... mais, voyons, Hortense, est-il bien raisonnable de demander des manteaux, des cachemires, cent choses coûteuses, quand nos maris perdent de l'argent?...

HORTENSE.

Avec la maison Jackson.

PAULINE.

Et la maison Gomez, ma chère!...

HORTENSE, à part.

Ils ne lui ont même pas fait grâce de la maison Gomez! (Haut.) Ce sont des monstres, te dis-je!... et la preuve, c'est que, tout à l'heure, ici, j'ai mis la main sur une liasse de bil-

* Pauline assise, Hortense.

lets de banque... et que, sur cette liasse, il y avait ces mots
écrits de la main de mon mari : « *Economies pour l'achat de
mon château...* » Ton Frédéric qui est un sournois, doit avoir
sa province en tête... à moi le Berry... à toi la Normandie...
j'élèverai des moutons... tu cueilleras des pommes... dans ma
vie, trop de côtelettes... dans la tienne, trop de cidre '!...

PAULINE.

Mais tu rêves !...

HORTENSE.

Ah! tu ne me crois pas ?... Tiens, ton mari va rentrer...
c'est l'heure où ses affaires sont terminées... fais un essai...
accepte la clé de sa caisse... j'aime beaucoup monsieur Morel,
eh bien! je consens à devenir veuve, aujourd'hui même, si tu
ne découvres pas, dans un coin, le fameux dossier : « *Economies pour l'achat de mon château.* »

PAULINE.

Je n'oserai jamais.

HORTENSE.

Puisque je serai là... que crains-tu?... oh! les maris ne me
font pas peur! voici monsieur Chamblain... vite, à l'assaut!

SCÈNE XIV

LES MÊMES, CHAMBLAIN **.

CHAMBLAIN.

Toutes deux ensemble, mesdames?... à vous voir, on pren-
drait notre cabinet pour un boudoir.

PAULINE, poussée par Hortense qui lui fait des signes.

Je vous attendais... j'avais une demande à vous adresser...

CHAMBLAIN.

Parle, et, si c'est en mon pouvoir, tu sais, ma chère Pauline,
je n'ai rien à te refuser.

HORTENSE, bas.

Hypocrite !...

A la cheminée.

---

* Hortense, Pauline.
** Hortense, Pauline, Chamblain.

PAULINE.

Vous allez me trouver bien capricieuse, mais ce manteau dont je vous ai parlé ce matin...

CHAMBLAIN.

Eh! bien, ce manteau?

PAULINE.

J'y tiens plus que jamais... il est si beau!... il me va si bien!...

CHAMBLAIN.

Je te croyais plus raisonnable.

PAULINE.

Cependant, si cela vous contrarie?...

HORTENSE, à part. (Revenant en scène.)

Elle faiblit!... (Haut.) Pourquoi veux-tu que cela contrarie monsieur Chamblain?... Il fait tout de si bonne grâce...

CHAMBLAIN.

Madame Morel a raison, et, puisque tu le veux... tiens... prends... voilà la clé de ma caisse...

PAULINE, bas à Hortense.

Tu vois?...

HORTENSE, de même.

Prends... toujours.

Elle remonte.

PAULINE, en hésitant.

Merci, mon ami... ainsi, vous me permettez d'ouvrir?...

CHAMBLAIN.

Sans doute...

HORTENSE, bas.

Il va sauter sur ta main, comme un chat sur une souris.

CHAMBLAIN, à part.

Elle ouvre la caisse!...

HORTENSE, bas.

Vite... un dossier tout semblable à celui de monsieur Morel... là...

PAULINE, la prenant.

C'est vrai!

CHAMBLAIN, vivement.

Pauline! ne lisez pas!...

PAULINE, lisant.

« Économies...

HORTENSE, bas.

Pour l'achat...

PAULINE, lisant.

« *Pour payer les dettes de mon père...* » Ciel !... et c'est pour cela... (Elle tombe dans les bras de Chamblain.) Ah ! mon ami !

CHAMBLAIN.

Voilà ce que je voulais te cacher !... tu ne m'en veux plus, de mon avarice?...

PAULINE.

Me pardonnerez-vous jamais !

HORTENSE, qui s'essuie les yeux.

Allons !... il y a encore des maris possibles... C'est égal, monsieur Morel paiera pour deux...

PAULINE.

Comment vous remercier?

CHAMBLAIN, continuant.

On trouverait même, là dedans, assez d'argent pour acheter, en sus, une petite maison de campagne, aux environs de Paris...

HORTENSE.

A Passy... entre le bois de Boulogne et les Champs-Élysées... voilà comment je comprends la campagne !..

CHAMBLAIN, continuant.

Oui... un joli *cottage*... où je viendrai te rejoindre, tous les soirs.

HORTENSE, à Chamblain.

Tenez, il faut que je vous embrasse... on ne fait plus de maris comme vous !..

Elle lui saute au cou.

PAULINE, à Hortense.

Mais toi, que vas-tu faire avec ton Berry?..

HORTENSE.

Oh ! sois tranquille !.. j'aurai une chaumière à Neuilly.

CHAMBLAIN, riant.

Prenez garde... monsieur Morel tient à ses moutons...

HORTENSE.

Il les enverra paître... Cela me regarde... mais chut !.. le voici.

SCÈNE XV

Les Mêmes, MOREL, ISIDORE.

Ils arrivent ensemble[*].

MOREL, entrant, bas à Isidore.

Diable! diable! un lieutenant de louveterie, dis-tu?...

ISIDORE, de même.

Oui, monsieur, tous les lundis.

MOREL, de même.

Un receveur des contributions?..

ISIDORE, de même.

Tous les mardis.

MOREL, de même.

Et un petit-cousin!..

ISIDORE, de même.

Toujours!

MOREL, de même[**].

Il fallait donc me le dire plus tôt!.. (A part.) Diable! diable!
(Apercevant Hortense. Haut.) Ah! c'est vous! madame?.. je ne
vous voyais pas.

HORTENSE, l'imitant.

Vous!.. madame!.. Oh! oui, vous avez raison de m'en
vouloir, car j'ai été bien injuste envers vous, mon bon Gustave, mais je reconnais mes torts, et je vous en demande
pardon.

MOREL, à part.

Hein! quoi! que dit-elle?

HORTENSE, soupirant.

Vous vouliez aller à la campagne. Eh! bien, nous irons
demain, aujourd'hui, si tel est votre bon plaisir...

MOREL, à part.

Permets, Hortense, permets...

PAULINE, bas à sa main.

Y comprenez-vous quelque chose?

[*] Chamblan, Pauline, Morel Isidore, Hortense.
[**] Chamblan, Pauline, Morel Hortense, Isidore.

CHAMBLAIN, de même.

Peut-être !

MOREL, à Hortense.

Je n'entends pas que tu te sacrifies ainsi...

HORTENSE.

Oh ! pardon, monsieur, mon parti est pris... Vous chasse-
rez, vous pêcherez, vous ferez du drainage... seulement,
comme vous êtes un homme juste, et que vous ne voulez pas
m'ensevelir dans une solitude profonde, je vous demanderai
la permission de voir quelques amis... quelques voisins...

MOREL, à part.

Comme madame Dubreuil.

ISIDORE, à part.

Oh ! les femmes !

HORTENSE, continuant.

Le Berry est un pays boisé... nous trouverons bien, dans
cette province, quelque lieutenant de louveterie...

MOREL, à part.

Pour faire de la musique ?.. merci !

HORTENSE.

Ou bien, un receveur des contributions... il y en a partout...

MOREL, à part.

Pour lire les romans nouveaux ?.. merci ! merci !

HORTENSE.

Tenez, monsieur, comme c'est heureux !.. j'ai précisément,
à Bourges, un petit-cousin, qui s'ennuie à mourir... Nous
l'inviterons à passer l'été avec nous...

MOREL, à part.

Pour faire de la tapisserie, à perpétuité ?... merci ! merci !
merci !...

HORTENSE.

C'est une très-bonne idée, n'est-ce pas ?

MOREL.

Excellente !... oh ! excellente !... mais j'ai réfléchi, à mon
tour, Hortense... et j'ai compris que le premier devoir d'un
mari, était de se soumettre, aveuglément, aux volontés de
sa femme...

CHAMBLAIN, bas à sa femme.

Comprends-tu ?..

PAULINE, de même.

Oui...

MOREL, continuant.

Je renonce au château des neuf tours... j'abdique, et je dépose mon titre de seigneur-châtelain, aux pieds de ma reine et maîtresse... c'est-à-dire de ma bonne petite femme...

ISIDORE, à part avec dédain.

Oh! les hommes!...

HORTENSE.

Comment, monsieur, vous renoncez, pour moi, à la solitude, aux fleurs, aux grands bois?...

MOREL *.

C'est-à-dire aux coqs qui chantent, aux moutons qui bêlent, aux vaches qui beuglent, et aux guêpes qui piquent!... Le beau mérite!... J'étais fou! .. Je remplace tout cela, par une délicieuse maison de campagne, dans les environs de Paris...

HORTENSE.

A Neuilly.

MOREL.

A Neuilly... entre cour et jardin... Seulement, je m'arrangerai pour qu'il y ait une cabane à lapins dans ma nouvelle propriété... J'élèverai soigneusement une douzaine de ces petits animaux, et, quand ils seront bien gras, j'irai les fusiller dans la plaine Saint-Denis. Isidore!.. cette lettre à mon notaire.

HORTENSE, à Pauline.

Tu le vois, ce n'est pas plus difficile que ça.

ISIDORE, appelant.

Père Merluchet! cette lettre au notaire de monsieur!

* Chamblain, Pauline, Hortense, Morel, Isidore.

FIN

CHATILLON-SUR-SEINE. — IMPRIMERIE E. CORNILLAC